AF396645

www.tredition.de

Martin Luther

und die Reformation

im Lichte der Bahá'í-Lehren

Ein Beitrag zum
Reformationsjubiläum
aus Bahá'í-Perspektive

www.tredition.de

Mit Originaltexten von:
*Bahá'u'lláh, 'Abdu'l-Bahá, Shoghi Effendi
und dem Universalen Haus der Gerechtigkeit*

Verlag: tredition GmbH, Hamburg

ISBN: 978-3-7323-5962-2

Printed in Germany

Martin Luther und die Reformation im Lichte der Bahá'í-Lehren

Am 31. Oktober 2017 jährt sich zum 500. Mal der Thesenanschlag Martin Luthers an die Tür der Schlosskirche zu Wittenberg. Die Evangelische Kirche in Deutschland ist bereits seit vielen Jahren mit der Planung dieses Jubiläums beschäftigt, während Politiker aller Parteien darüber verhandeln, den Reformationstag einmalig zum bundesweiten gesetzlichen Feiertag zu erklären. Und sicher, die prägende Kraft, die die Reformation insbesondere für die deutsche Geschichte hatte, die Entwicklungen, die sie in Gang gesetzt hat, und der Erfolg ihrer Grundprinzipien deutlich über den Horizont der Lutherischen Tradition hinaus machen deutlich, dass es sich hierbei um ein Ereignis handelt, dessen Nachhall nicht nur die Katholische Kirche unweigerlich einschließen muss, sondern die auch alle anderen am Dialog beteiligten Personen und Gruppen herausfordert, ebenfalls ihren je eigenen Beitrag zur Erinnerungskultur des Reformationsjubiläums beizusteuern. Dass ein solcher Beitrag aus den Reihen der Bahá'í-Gemeinde kommt, mag zunächst über-raschen, doch ist es sicher nicht übertrieben, zu behaupten, dass auch die Bahá'í bereits in ihren Anfängen maßgeblich an dem jahrhundertealten Austausch über Wesen und Inhalt des Christ-lichen Glaubens partizipierten. Sie haben sich dabei nicht immer nur Freunde gemacht und lange Zeit war das Verhältnis der Evangelischen Kirchen zur Bahá'í-Gemeinde eisig und von aggres-siver Apologetik begleitet. In den letzten Jahrzehnten hat sich dieses Bild jedoch grundlegend gewandelt und an vielen Stellen zeigt sich mittlerweile, dass auch die Evangelische Zentralstelle für Welt-anschauungsfragen, die lange Zeit maßgeblich als Produzentin und Verlegerin apologetischer Literatur auftrat, ihr Verhältnis zu den Bahá'í bereinigt hat. Exemplarisch hierfür steht eine Publikation[1]

---

[1] F. Eißler – J. Schnare (Hrsg.), Bahai. Religion, Politik und Gesellschaft im interreligiösen Kontext, EZW-Texte 233, Berlin 2014.

vom Winter 2014, an der neben christlichen Theologen und Religionswissenschaftlern mit Armin Eschraghi und Ulrich Gollmer auch zwei Bahá'í-Gelehrte beteiligt waren.

Im Gegenzug hat allerdings seit frühester Zeit keine explizite Beschäftigung der Bahá'í-Religion mit den Evangelischen Kirchen und der Reformation stattgefunden, sicherlich auch, weil jeder Versuch, die Reformation aus Bahá'í-Sicht zu würdigen, automatisch auch eine Wertung einschließt. Dass eine negative Bewertung der Reformation das interreligiöse Gespräch gewiss belastet hätte, liegt auf der Hand. Inzwischen sind die Beziehungen allerdings weit genug gefestigt, dass ein solcher Versuch respektvoll und auf Augenhöhe erfolgen kann. Dieser Aufsatz soll diejenigen Zitate aus dem Schrifttum der Bahá'í, die sich implizit oder explizit mit der Reformation befassen, zusammenstellen, kommentieren und dadurch eine Bewertung des Reformationsgeschehens aus einer Bahá'í-Perspektive ermöglichen.

Allein durch die Schrift

In diesem Zusammenhang ist zunächst auf das Schriftverständnis sowohl der Bahá'í-Religion als auch der Kirchen der Reformation einzugehen, denn Luther, Calvin und andere fochten die Autorität der Römischen Kirche auf Basis der Schrift selbst an. Zentraler Kern der Schriftlehre der Reformationszeit war die zentrale und alleinige Autorität, die der Schrift im Leben der Kirche Jesu Christi zukommen sollte. Diese Autorität fußte im Wesentlichen auf der Annahme, dass es sich bei der Heiligen Schrift um eine Eingebung Gottes handele, jedoch nicht, wie in evangelikalen Kreisen oft angenommen, um eine Verbalinspiration der Texte. So sehr die Eingebung der Schrift in der protestantischen Tradition auch konsequent bejaht wird, so ist doch auch das menschliche Element, der Verfasser, bereits im Blick. In den biblischen Texten hätten demnach die Verfasser aufgeschrieben, was „Gott ... durch Orakel und Gesichte kundgetan oder ihnen durch

Vermittlung und Dienst von Menschen mitgeteilt hat". In diesem Zusammenhang sei „in ihr Herz die Lehre mit solch unerschütterlicher Gewissheit eingegraben ..., das sie fest überzeugt waren und klar sahen: was sie erfahren hatten, das kam von Gott"[2]. Dabei ist in der ursprünglichen Lesart dieser Aussagen Calvins eine Analyse der sprachlichen, stilistischen und symbolistischen Besonderheiten vor dem Hintergrund der Lebenswelt der Autoren zwar (noch) nicht explizit vorgesehen, doch lassen sie den nötigen Raum dafür.

Diese zentrale Rolle und Autorität der Heiligen Schrift kann die Bahá'í-Lehre unumwunden bejahen. Dies gilt für die Bibel ebenso wie für alle anderen Heiligen Schriften der Religionsgeschichte, nicht zuletzt die Schriften ihres eigenen Stifters. Insbesondere im Kontext des islamischen Fälschungsvorwurfes gegen die Christen verteidigte Bahá'u'lláh kraftvoll die Autorität der Bibel als Offenbarungsurkunde und verlässliches Zeugnis:

> Auch hörten Wir die Behauptung einiger Toren, der ursprüngliche Text der himmlischen Evangelien sei bei den Christen nicht mehr vorhanden und zum Himmel aufgestiegen. Wie schlimm haben sie sich geirrt! Wie wenig bedachten sie dabei, dass solch eine Behauptung einer gnädigen, liebevollen Vorsehung schwerste Ungerechtigkeit und Tyrannei unterstellt! Wie könnte Gott, nachdem die Sonne der Schönheit Jesu den Augen Seines Volkes entschwunden und zum vierten Himmel aufgestiegen war, Sein heiliges Buch, Sein größtes Zeugnis unter Seinen Geschöpfen, ebenfalls verschwinden lassen?"[3]

Das Universale Haus der Gerechtigkeit, die oberste Institution der Bahá'í-Gemeinde, fasste das Bahá'í-Verständnis der biblischen Autorität und Verlässlichkeit später unter Hinweis auf die göttliche *providentia* folgendermaßen zusammen:

---

[2] J. Calvin, Unterricht in der christlichen Religion, 1:6:2.
[3] Bahá'u'lláh, Das Buch der Gewissheit (Kitáb-i-Íqán), 1:98.

> Die Bahá'í glauben, dass die Offenbarung unter der Fürsorge und dem Schutz
> Gottes steht und dass der Wesenskern, oder die wesentlichen Teile, dessen,
> was Seine Manifestationen festzuhalten beabsichtigten, in diesen Heiligen
> Texten aufgezeichnet und bewahrt worden ist.[4]

Zusätzlich zu der allgemeinen theologischen Bewertung der Bibel durch die Bahá'í-Autoritäten ist jedoch gerade im Gespräch mit dem Protestantismus ein weiteres wesentliches Kriterium ihres Schriftverständnisses zu nennen, nämlich die absolute Beschränkung bindender Autorität an den Wortlaut der Heiligen Schrift und damit gleichermaßen auch den Ausschluss jeglicher Traditionsbildung, wie sie in der frühen Kirche einsetzte und schließlich dazu führte, dass zahlreiche biblische Erzählungen durch apokryphe Stoffe und deren Rezeption innerhalb der Kirchenväterliteratur überlagert und überformt wurden. Philipp Melanchthon beschrieb dieses Erfordernis seinerzeit folgendermaßen:

> In Glaubensfragen haben die Päpste, die Konzilien und die gesamte Kirche
> kein Recht, etwas zu verändern oder festzulegen, sondern die Artikel des
> Glaubens müssen schlicht und einfach an der Vorschrift der Heiligen Schrift
> überprüft werden.[5]

Die gleichermaßen radikale Anwendung des reformatorischen Grundsatzes *sola scriptura* auf die Bahá'í-Literatur ist nur verständlich dadurch, dass die Traditionsliteratur im islamischen Bereich noch weit wundersamere Blüten getrieben und sich mit der Hadithliteratur in gewisser Weise gar ein Feld von Zusatzoffenbarungen entwickelt hat. Shoghi Effendi fasst die Erfordernisse der Bahá'í-Lehre in Bezug auf den Ausschluss solcher Traditionen wie folgt zusammen:

---

[4] Aus einem Brief im Auftrag des Universalen Hauses der Gerechtigkeit an einen einzelnen Gläubigen, 09.08.1984 [e.Ü.].

[5] P. Melanchthon, Loci Communes.

Gemäß der Lehren Bahá'u'lláhs kann bloßem Hörensagen keinerlei Autorität beigemessen werden, ganz gleich, von wem es geäußert worden sein mag. Die Tafeln, die das Siegel oder die Unterschrift Bahá'u'lláhs oder des Meisters[6] ['Abdu'l-Bahá] tragen, sind die einzigen Teile der Bahá'í-Literatur, die überhaupt irgendeine Verbindlichkeit haben und daher die Grundlage unseres Glaubens bilden. Alle anderen Formen von Literatur mögen interessante Dinge ansprechen, doch können sie deswegen allein nicht als authentisch betrachtet werden.[7]

Es ist daher trotz der ursprünglichen Bezugnahme auf die islamische, nicht die christliche, Traditionsliteratur eindeutig, dass zahlreiche Traditionen der Katholischen Kirche, die sich im Laufe der Zeit entwickelt haben und für die es keinen klaren Anhaltspunkt in der Heiligen Schrift selbst gibt, von den Bahá'í ebenfalls nicht anerkannt werden können.

Allein durch die Propheten

Ein weiteres wesentliches Prinzip des Bibelverständnisses ist der zugrundeliegende Interpretationsschlüssel. Dies sind für die Bahá'í zunächst die Schriften Bahá'u'lláhs, denen in der Bahá'í-Lehre absolute Autorität zugeschrieben wird. In seinem Heiligsten Buch heißt es:

O ihr Schar der Geistlichen! Wägt Gottes Buch nicht mit Maßstäben und Wissenschaften, wie sie bei euch im Schwange sind. Denn das Buch selbst ist die untrügliche Waage, die unter den Menschen aufgestellt ist. Auf dieser vollkommenen Waage muss alles gewogen werden, was die Völker und Geschlechter der Erde besitzen, während ihre Gewichte nach ihrem eigenen Richtmaß geprüft werden sollten - könntet ihr es doch erkennen![8]

---

[6] In der heutigen Zeit umfasst dieses verbindliche 'authentische Schrifttum' in der regulären Nachfolge Bahá'u'lláhs und 'Abdu'l-Bahás auch die Schriften und Briefe Shoghi Effendis und des Universalen Hauses der Gerechtigkeit.

[7] Aus einem Brief im Auftrag Shoghi Effendis an einen einzelnen Gläubigen, 18.11.1931 [e.Ü.].

[8] Bahá'u'lláh, Das Heiligste Buch (Kitáb-i-Aqdas) 99.

Jenes Richtmaß ist der 'Geist der Offenbarung', der Kern der Aussageabsicht Bahá'u'lláhs, die gleichermaßen auch die Aussageabsicht Gottes ist. Um diese Absicht zu erkennen, ist auf die innere Kohärenz der Gesamtoffenbarung zu achten, die insbesondere sichergestellt wird durch die Existenz autorisierter Auslegungen aus der Feder 'Abdu'l-Bahás und Shoghi Effendis. Letzterer stellte in Ausübung dieser Funktion fest:

> **Wir können uns nicht über die Authentizität irgendeines Ausspruches aus dem Alten oder dem Neuen Testament sicher sein. Sicher sein können wir uns aber, wann immer solche Quellen oder Worte entweder im Qur'án oder in den Bahá'í-Schriften wiedergegeben oder direkt zitiert werden..[9]**

Der kritischen Auseinandersetzung mit den Texten der Bibel ist somit zwar keine explizite Grenze, wohl aber ein Rahmen gesetzt, denn dadurch, dass Worte aus dem Alten oder dem Neuen Testament von Mohammed oder Bahá'u'lláh zitiert werden, werden sie gemäß dem Bahá'í-Verständnis von ihrer eigenen Quelle bestätigt. Sie bilden somit auch den Rahmen, in dem eine Beschäftigung mit den übrigen Bibeltexten zwingend erfolgen muss, da die Bibel Bahá'u'lláh in diesem Verständnis *per se* nicht widersprechen kann. Die von Bahá'u'lláh gelehrte Grundkonstante der Religionsgeschichte, die *Fortschreitende Gottesoffenbarung*, ist dabei der zentrale Kern einer übergreifenden, von der göttlichen *providentia* getragenen Geschichtstheologie, nach der Gottes Handeln in der Welt den Religionen einen prägenden, evolutionär angelegten geistigen wie materiellen Entwicklungsprozess für die Menschheit aufträgt, wie ihn das Universale Haus der Gerechtigkeit auch in seiner Botschaft *Ein gemeinsamer Glaube* zusammengefasst hat:

> **Die Kette der Offenbarungen des Göttlichen ist auf jeden Fall ein implizites – und üblicherweise explizites - Merkmal aller großen Religionen. ... Dieses fortwährende Drama bildet das Grundgerüst der Bibel. In ihrer Sammlung**

---

[9] Aus einem Brief im Auftrag Shoghi Effendis an einen einzelnen Gläubigen, 04.07.1947 [e.Ü.].

von Büchern wird nicht nur die Sendung von Abraham und Mose erzählt, –
„den der Herr erkannt hatte von Angesicht zu Angesicht" – sondern auch von
der Reihe der kleinen Propheten, die das Werk, das die primären Urheber des
Prozesses in Bewegung gebracht hatten, nun entwickelten und festigten. So
konnte es den … Spekulationen über die Natur Jesu nicht gelingen, Seine
Sendung von dem Werk Abrahams und Moses zu trennen, das den Lauf der
Zivilisation verwandelte.[10]

Ein ähnliches Modell eines zentralen Interpretationsschlüssels in der
Bewertung des biblischen Zeugnisses vertrat auch Luther in seiner
Auseinandersetzung mit denjenigen Schriften des Alten und Neuen
Testaments, die in seinem Verständnis der Grundaussage und
-intention des biblischen Zeugnisses zuwider liefen. Unter dem
Grundsatz *solus Christus* erklärte er das Heilshandeln Christi zum
alleinigen Markstein der Verlässlichkeit der Einzeltexte. Eine
göttliche Vorsehung des überkommenen Kanons lehnte er somit ab.

Darin stimmen alle rechtschaffenen heiligen Bücher überein, dass sie allesamt
Christum predigen und treiben. Auch ist das der rechte Prüfstein, alle Bücher
zu beurteilen: zu sehen, ob sie Christum treiben oder nicht, da alle Schrift
Christum zeiget, Römer 3, und der Heilige Paulus nichts als Christum wissen
will, 1. Korinther 2. Was Christum nicht lehrt, das ist nicht apostolisch, selbst
wenn es der Heilige Petrus oder der Heilige Paulus lehrte. Wiederum, was
Christum predigt, das ist apostolisch, selbst wenn es Judas, Hannas, Pilatus
und Herodes täte.[11]

Obgleich der Ansatzpunkt ein ähnlicher ist, so sind doch die sich
daraus ergebenden Schlussfolgerungen nicht immer leicht in Über-
einstimmung zu bringen, da sich die konkreten theologischen
Grundparadigmen bezüglich Gottesbild, Jesusbild, Stellung zum
Gesetz und Erlösungsverständnis unterscheiden.[12] Wohl aber ergibt
sich daraus auch für die Bahá'í, dass Jesus Christus der Verheißene
des Alten Testaments war, dessen Aufgabe es sein sollte, die

---

[10] Das Universale Haus der Gerechtigkeit, Ein gemeinsamer Glaube, S. 42.

[11] M. Luther, Vorrede zum Jakobus- und Judasbrief.

[12] Vgl. zur weiteren Lektüre: S. Rekel, Jesus Christus – Die Manifestation Gottes. Das
Jesusbild der Bahá'í-Religion, Hamburg 2015.

partikulare Mission der hebräischen Propheten zu universalisieren und alle Menschen unter das schützende Dach des Gottes Israels zu rufen. Er und seine Mission sind daher nicht nur tragend für das Verständnis der Texte des Neuen, sondern gleichermaßen auch für die Deutung der Prophezeiungen des Alten Testaments.[13]

„Auf diesem Felsen" - Papstamt und Kirchenverfassung

Mit dem Verständnis der Kirchengeschichte und der Prozesse, die schließlich zur Reformation und der Gründung der Lutherischen und Reformierten Kirchen führten, ist auch die Frage nach der Stellung Petri untrennbar verbunden. Sowohl 'Abdu'l-Bahá als auch Shoghi Effendi zitieren verschiedentlich Jesu Ausspruch „Du bist Petrus, und auf diesen Felsen will Ich Meine Kirche bauen."[14] Das bedeutet jedoch nicht automatisch, dass sie sämtliche Schlüsse akzeptieren würden, die die Katholische Kirche daraus gezogen hat und immer noch zieht. Zwar ist dieses Ereignis unzweifelhaft eine „Auserwählung des Petrus zu besonderer Ehre"[15], wie 'Abdu'l-Bahá es ausdrückt, doch ist weder eindeutig umrissen, worin diese Auserwählung bestehen sollte, noch welche praktischen Auswirkungen sich daraus ergeben würden. Für 'Abdu'l-Bahá ist die Erwiderung an Petrus „eine Bestätigung der Treue Petri."[16] „Diese Äußerung sollte auf den Glauben Petri verweisen und bedeutete: Dein Glaube, o Petrus, ist wahrlich der Grundstein und eine Botschaft der Einheit für die Völker; er soll zum einigenden Band für die Menschenherzen werden und zur Grundlage für die Einheit der

---

[13] Vgl. zur weiteren Lektüre: S. Rekel, Jesus Christus – Die Manifestation Gottes. Das Jesusbild der Bahá'í-Religion, Hamburg 2015.

[14] 'Abdu'l-Bahá, Briefe und Botschaften, S. 194; 'Abdu'l-Bahá, The Promulgation of Universal Peace, S. 89, 226, 544 [e.Ü.]; Shoghi Effendi, Die Weltordnung Bahá'u'lláhs, S. 32; Brief im Auftrag des Hüters an einen einzelnen Gläubigen, 07.09.1938 [e.Ü.]; vgl. Matthäus 16:18.

[15] 'Abdu'l-Bahá, Briefe und Botschaften, S. 194.

[16] 'Abdu'l-Bahá, The Promulgation of Universal Peace, S. 544 [e.Ü.].

Menschenwelt.“[17] Petrus ist das „schützende Tabernakel des Christentums“[18], unter dem Christus die Völker versammelte. Demnach sollte er jedem Gläubigen als Vorbild und Rechtleitung dienen, wie 'Abdu'l-Bahá an anderer Stelle bestätigt: „Des Menschen Verhalten muss wie das von Paulus sein, des Menschen Glaube wie der von Petrus.“[19]

Was jedoch bei alledem nicht ausgesagt wird, ist eine besonders institutionalisierte Rolle Petri in der urchristlichen Gemeinde. 'Abdu'l-Bahá erklärt, dass Jesus „keinen Mittelpunkt des Bündnisses“[20] ernannt habe. Die Rolle, die 'Abdu'l-Bahá selbst im Testament Bahá'u'lláhs zugedacht worden war, wird in der Bahá'í-Literatur für gewöhnlich als absolut singuläre Erscheinung der Religionsgeschichte dargestellt, insbesondere auch im Kontrast zum Christentum und zum Islam, die beide an inneren Streitigkeiten zerbrachen. Bahá'u'lláh wollte durch die Berufung seines eigenen Sohnes die Einheit der Bahá'í-Gemeinde erhalten und eine Anlaufstelle schaffen, die bei internen Streitigkeiten vermitteln und verbindlich entscheiden können sollte. So hatte er bereits in seinem ‚Heiligsten Buch' verkündet: „Wenn das Meer Meiner Gegenwart verebbt, und das Buch Meiner Offenbarung abgeschlossen ist, wendet euer Angesicht Ihm zu, den Gott bestimmt hat,“[21] und „legt alles, was ihr im Buche nicht versteht, Ihm vor, der aus diesem mächtigen Stamm entspross.“[22] Bahá'u'lláh begründet hiermit tatsächlich ein einzigartiges Amt, denn er begrenzte schon zu seinen eigenen Lebzeiten die verbindliche Schriftauslegung auf eine einzelne Person, die er direkt in seine Nachfolge berief und ausdrücklich mit den entsprechenden Kompetenzen ausstattete. Es

---

[17] 'Abdu'l-Bahá, The Promulgation of Universal Peace, S. 89 [e.Ü.].
[18] 'Abdu'l-Bahá, Briefe und Botschaften, S. 78.
[19] 'Abdu'l-Bahá, Briefe und Botschaften, S. 263.
[20] 'Abdu'l-Bahá, The Promulgation of Universal Peace, S. 544 [e.Ü.].
[21] Bahá'u'lláh, Das Heiligste Buch (Kitáb-i-Aqdas), S. 73.
[22] Bahá'u'lláh, Das Heiligste Buch (Kitáb-i-Aqdas), S. 94.

ist daher nur logisch und folgerichtig, dass 'Abdu'l-Bahá, wenn er über Petrus spricht, auf das Testament Bahá'u'lláhs direkt Bezug nimmt:

> Christus ernannte keinen Mittelpunkt des Bündnisses. Er sagte Seinen Anhängern nicht: „Gehorcht dem, den Ich erwählt habe!" Einmal fragte Er Seine Jünger: „Wer sagen die Menschen, dass Ich sei?" Simon Petrus antwortete und sprach: „Du bist Christus, der Sohn des lebendigen Gottes." Christus sprach im Bestreben, den Glauben Petri zu festigen: „Du bist Petrus, und auf diesem Felsen will Ich meine Kirche bauen", und meinte damit, dass der Glaube Petri der wahre Glaube war. Es war eine Bestätigung der Treue Petri. Er sagte nicht, dass alle sich Petrus zuwenden sollten. Er sagte nicht: „Er ist der Ast, der dieser Urewigen Wurzel entspross." Er sagte nicht: „O Gott! Segne alle, die Petrus dienen. O Gott! Erniedrige, die ihm nicht gehorchen. Meidet die Bündnisbrecher. O Gott! Du bist es gewiss, dass Ich liebe, die standhaft sind in Deinem Bund."[23]

Auch Shoghi Effendi geht auf diese ‚Mängel' der Nachfolge Jesu dezidiert ein und relativiert in gewisser Hinsicht die sehr grundsätzlichen Aussagen 'Abdu'l-Bahás, indem er deutlich trennt zwischen der Führungsrolle innerhalb des Jüngerkreises, die Petrus als Vorbild im Glauben und somit natürliche Autoritätsperson sicherlich gehabt habe, und der Schaffung spezieller Institutionen, deren Rolle innerhalb der Gemeindeordnung so detailreich festgelegt worden wäre, dass es keinen Raum für Uneinigkeit gegeben hätte.

> Was den Ausspruch Jesu Christi ‚Du bist Petrus, und auf diesen Felsen will Ich Meine Kirche bauen' betrifft; dieser Spruch begründet ohne jeden Zweifel die Vorrangstellung Petri und ebenso den Grundsatz der Nachfolge, doch ist er nicht ausdrücklich genug, was die Wesensart und Funktionsweise der Kirche selbst anbetrifft. Die Katholiken haben zu viel in diesen Ausspruch hineingelesen, und leiteten von diesem gewisse Schlussfolgerungen ab, die überhaupt nicht zu rechtfertigen sind.[24]

---

[23] 'Abdu'l-Bahá, The Promulgation of Universal Peace, S. 544 [e.Ü.].

[24] Aus einem Brief im Auftrag Shoghi Effendis an einen einzelnen Gläubigen, 07.09.1938 [e.Ü.].

Dabei sei außerdem zu beachten, dass die Nachfolgeregelung bereits zu Jesu Lebzeiten getroffen worden sei, es jedoch kein geschriebenes Testament und somit keine schriftliche Festlegung dessen gegeben habe, was mit dieser Auserwählung Petri an Aufgaben und Privilegien einhergehen sollte.[25] Auch beschreibt Shoghi Effendi ausführlich, welche Institutionen und Regelungen (aus der Organisationsstruktur der Bahá'í-Gemeindeordnung) dem frühen Christentum gefehlt hätten, um seine innere Einheit zu bewahren und Spaltungen zu verhindern.

Niemand wird, meine ich, die Tatsache anzweifeln, dass der Hauptgrund, warum die Einheit der Kirche Christi auf nicht wieder gut zu machende Weise erschüttert und ihr Einfluss im Laufe der Zeit untergraben wurde, darin liegt, dass das Bauwerk, das die Kirchenväter nach dem Hinscheiden Seines Ersten Apostels errichtet hatten, nicht auf Christi eigenen und ausdrücklichen Weisungen ruhte. Die Amtsgewalt und die Merkmale ihrer Verwaltung sind nur gefolgert und mittelbar, mehr oder minder berechtigt, aus einigen ungenauen, bruchstückhaften Hinweisen abgeleitet, die sie unter Seinen im Evangelium aufgezeichneten Worten verstreut fanden. ... Nichts davon hat Christus geschaffen, noch hat Er eine dieser Institutionen besonders mit der hinreichenden Vollmacht belehnt, Sein Wort auszulegen oder dem, was Er nicht ausdrücklich geboten hat, etwas hinzuzufügen.[26]

Darüber hinaus ergänzt Shoghi Effendi an anderer Stelle, dass auch die Grundlagen der Verwaltungsstruktur der Kirche bereits ohne Anhaltspunkt in der Heiligen Schrift dastünden, da „die Kirchen Griechenlands und Asiens mit der Institution der Provinzialsynoden den repräsentativen Beratungsgremien ihrer Länder ein Verwaltungsmodell entlehnten" und somit das Modell der Kirchenverwaltung als eine unrechtmäßige Übertragung weltlicher Institutionen auf den religiösen Bereich zu verstehen sei.

---

[25] Aus einem Brief im Auftrag Shoghi Effendis an einen einzelnen Gläubigen, 28.12.1936 [e.Ü.].

[26] Shoghi Effendi, Die Weltordnung Bahá'u'lláhs, S. 39.

Shoghi Effendi bezieht sich hierbei wiederum auf das Testament 'Abdu'l-Bahás, in dem dieser die Führungsrolle, die ihm selbst von Bahá'u'lláh zugewiesen worden war, institutionalisierte und in feste Strukturen überführte, die auch feste Grundzüge einer übergreifenden Gemeindeverfassung darstellten. Er führte die besondere Stellung der Ämterhierarchie verschiedentlich genauer aus und bestimmte dabei auch das Verhältnis des ihm verliehenen Hüteramtes zu der zweiten, bereits von Bahá'u'lláh selbst vorgesehenen Institution, dem Universalen Haus der Gerechtigkeit:

> Sie haben auch in eindeutiger und eindringlicher Sprache die Zwillingsinstitutionen des Hauses der Gerechtigkeit und des Hütertums als ihre erwählten Nachfolger eingesetzt und ihnen die Aufgabe übertragen, die Grundsätze anzuwenden, die Gesetze zu verkünden, die Institutionen zu schützen, den Glauben bündnistreu und vernunftgemäß den Erfordernissen einer fortschreitenden Gesellschaft anzupassen und das unverbrüchliche Erbe zu vollenden, das die Stifter dieses Glaubens der Welt hinterlassen haben.[27]

> Aus diesen Darlegungen wird unzweifelhaft klar und deutlich, dass der Hüter des Glaubens zum Ausleger des Wortes gemacht und dem Universalen Haus der Gerechtigkeit die Gesetzgebungsgewalt für die Gegenstände verliehen worden ist, die nicht ausdrücklich in den Lehren offenbart sind. Die Auslegung durch den Hüter ist innerhalb seines Bereiches ebenso autoritativ und bindend wie die Entscheidungen des Internationalen Hauses der Gerechtigkeit, dessen ausschließliches Recht und Privileg es ist, über solche Gesetze und Anordnungen zu befinden und letztgültig zu entscheiden, die Bahá'u'lláh nicht ausdrücklich offenbart hat. Keine von beiden Institutionen kann und wird je in das geweihte und festgelegte Gebiet der anderen übergreifen, keine von ihnen versuchen, die besondere, unbestrittene Amtsgewalt zu schmälern, mit der beide von Gott her ausgestattet wurden.[28]

Demnach sollte ein ‚Hüter der Sache Gottes' in der Zukunft über die Auslegung der Heiligen Schriften wachen. Ergänzend dazu sollte dem Universalen Haus der Gerechtigkeit die Aufgabe zukommen, „alle Vorschriften und Satzungen, die nicht im klaren heiligen Text

---

[27] Shoghi Effendi, Die Weltordnung Bahá'u'lláhs, S. 38.
[28] Shoghi Effendi, Die Weltordnung Bahá'u'lláhs, S. 215.

zu finden sind"[29], zu erlassen. „Was sie entscheiden", so schreibt 'Abdu'l-Bahá an anderer Stelle, „hat dieselbe Geltung wie der heilige Text."[30]

Entsprechend seinen Aussagen zu Petrus äußert sich bereits 'Abdu'l-Bahá zur Autorität des Hüters und des Hauses, wenn er in seinem Testament erklärt:

> Was immer sie entscheiden, ist von Gott. Wer ihm nicht gehorcht oder ihnen nicht gehorcht, hat Gott nicht gehorcht. Wer sich gegen ihn oder gegen sie auflehnt, hat sich gegen Gott aufgelehnt. Wer sich ihm entgegenstellt, hat sich Gott entgegengestellt. Wer sie bekämpft, hat Gott bekämpft. Wer mit ihm streitet, hat mit Gott gestritten. Wer ihn leugnet, hat Gott geleugnet. Wer an ihm zweifelt, hat an Gott gezweifelt. Wer von ihm abweicht, sich von ihm trennt und abwendet, ist in Wahrheit von Gott abgewichen, hat sich von Ihm getrennt und abgewandt.[31]

Da Jesus aber in dieser Weise mit keiner „Seele einen Bund geschlossen" und niemandem befohlen hatte, „sich an dessen Wort zu halten und seine Auslegungen als wahr anzuerkennen"[32], wurde „die Einheit der Kirche Christi auf nicht wieder gut zu machende Weise erschüttert"[33].

Shoghi Effendi geht des Weiteren auf die spätere Entwicklung von Ritualen und Glaubenslehren ein, die keinen direkten Ansatzpunkt im Evangelium hatten. Dies ist auch der Bereich, für den Bahá'u'lláh durch die Einsetzung des Universalen Hauses der Gerechtigkeit eigens Vorsorge getroffen hatte, sodass eine flexible, komplementäre Gesetzgebung über das offenbarte Wort hinaus in der Zukunft die Handlungsfähigkeit der Bahá'í-Gemeinde würde sicherstellen kön-nen. Das Universale Haus der Gerechtigkeit ist aber ausdrücklich

---

[29] 'Abdu'l-Bahá, Dokumente des Bündnisses, S. 43.

[30] 'Abdu'l-Bahá, Dokumente des Bündnisses, S. 53.

[31] 'Abdu'l-Bahá, Dokumente des Bündnisses, S. 37.

[32] 'Abdu'l-Bahá, The Promulgation of Universal Peace, S. 538 [e.Ü.].

[33] Shoghi Effendi, Die Weltordnung Bahá'u'lláhs, S. 39.

nicht berechtigt, die Schriften verbindlich auszulegen. Shoghi Effendi stört sich, wenn man seine Darstellungen der Kirchengeschichte liest, insbesondere auch daran, dass es keine klare Festlegung gab, was überhaupt offenbartes Wort und was ergänzende Regelung sein sollte. Beschloss ein Konzil, waren dies Äußerungen des Willens Gottes, unabänderlich und für alle Zeiten festgeschrieben. Die Trennung der beiden wesentlichen Kompetenzen innerhalb der religiösen Ämterhierarchie und die Kontrolle ihrer Wechselwirkung ist daher aus Bahá'í-Sicht als ein wesentliches Versäumnis der christlichen Kirchengeschichte anzusehen. Das Universale Haus der Gerechtigkeit verdeutlicht diese wesentliche Trennung, indem es die Scheidelinie zwischen Auslegung und Gesetzgebung noch einmal skizziert:

> Der Hüter [hatte] aus seinem ureigensten Wirkungskreis heraus das Recht und die Pflicht, „den Bereich der gesetzgeberischen Tätigkeit" des Universalen Hauses der Gerechtigkeit „zu bestimmen".
>
> Mit anderen Worten, er hatte die Autorität festzustellen, ob eine Angelegenheit schon in den Heiligen Schriften behandelt war oder nicht und ob es deshalb in der Befugnis des Universalen Hauses der Gerechtigkeit stand, über sie gesetzlich zu befinden. Keine andere Person außer dem Hüter besitzt das Recht und die Autorität, solche Erklärungen abzugeben.[34]

Die fehlende Verbindlichkeit und Begründbarkeit der kirchlichen Verwaltungsordnung sehen sowohl 'Abdu'l-Bahá als auch Shoghi Effendi als einen der elementaren Mängel der christlichen Kirche an. Es gab keine geschriebene Verfassung der Kirche, keine Urkunde, die die Privilegien und Pflichten ihrer Organe und Amtsträger geregelt hätte. So erhoben sich „nach der Himmelfahrt Christi ... viele, die

---

[34] Aus einem Brief im Auftrag des Universalen Hauses der Gerechtigkeit an einen einzelnen Gläubigen, 27.05.1966.

maßgeblich daran beteiligt waren, Gruppenbildungen, Spaltungen und theologische Streitigkeiten zu verursachen. Es wurde immer schwieriger, zu wissen, wer dem wahren Pfad folgte."[35]

Dennoch bleibt ein wesentliches Postulat der Bahá'í-Lehre auch für das Christentum bestehen und wird als Bewertungskriterium an die frühe Kirchengeschichte angelegt: Die Einheit der Offenbarung. Bahá'u'lláh war alles zuwider, was zu Streit und Uneinigkeit führte. In mehreren seiner Sendschreiben verbot er ausdrücklich und in scharfen Worten jede Art von Spaltung.

> **Das Erhabenste Wesen spricht: O ihr Menschenkinder! Der Hauptzweck, der den Glauben Gottes und Seine Religion beseelt, ist, das Wohl des Menschengeschlechts zu sichern, seine Einheit zu fördern und den Geist der Liebe und Verbundenheit unter den Menschen zu pflegen. Lasst sie nicht zur Quelle der Uneinigkeit und der Zwietracht, des Hasses und der Feindschaft werden. Dies ist der gerade Pfad, die feste, unverrückbare Grundlage.**[36]

Bahá'u'lláh erteilt in seinen Schriften dem religiösen Fanatismus und der Fixierung auf die eigenen Überzeugungen, die sich insbesondere in widerstreitenden Wahrheitsansprüchen äußert, eine klare Absage. Stattdessen sollen sich die Menschen in Bescheidenheit und Demut üben. Dem Instrument der Beratung, das Bahá'u'lláh in seinen Schriften als Mittel gegen Streitigkeiten und Spaltung installiert, kommt in diesem Zusammenhang eine zentrale Rolle zu. Sie ist nicht nur ein Mittel der Streitschlichtung, sondern Grundkonstante des zwischenmenschlichen Umgangs, die in allen Fragen eingehalten werden soll. Insbesondere ist sie aber auch ein Mittel der religiösen Wahrheitsfindung, was Abdu'l-Bahá in einer Ansprache deutlich macht:

---

[35] 'Abdu'l-Bahá, The Promulgation of Universal Peace, S. 538 [e.Ü.].
[36] Bahá'u'lláh, Botschaften aus 'Akká, 11:15.

Wer eine Ansicht äußert, sollte sie nicht als wahr und richtig hinstellen, sondern als einen Beitrag zur übereinstimmenden Meinung darbringen; denn das Licht der Wirklichkeit tritt in Erscheinung, wenn zwei Meinungen übereinstimmen. Ein Funke entsteht, wenn Feuerstein und Stahl zusammentreffen. Der Mensch sollte seine Meinungen mit äußerster Gelassenheit, Fassung und Ruhe abwägen. Bevor er seine eigene Ansicht äußert, sollte er die bereits von anderen dargelegten Meinungen sorgfältig in Betracht ziehen. Findet er, dass eine der vorher dargestellten Ansichten der Wahrheit näher und wertvoller ist, sollte er sie sofort annehmen und nicht halsstarrig bei seiner eigenen Ansicht bleiben. Nach dieser ausgezeichneten Methode ist er bemüht, zur Einheit und Wahrheit zu gelangen. Opposition und Spaltung sind beklagenswert. Da ist es besser, sich die Meinung eines weisen, scharfsinnigen Mannes zu eigen zu machen; sonst machen es Widerspruch und Streit, mit denen verschiedenartige und auseinandergehende Ansichten geäußert werden, notwendig, dass ein Gericht die Entscheidung über die Frage fällt. Auch die Meinung der Mehrheit oder eine allseitig übereinstimmende Ansicht kann falsch sein. Tausend Menschen können einer Ansicht sein und irren, während ein einziger Scharfsinniger recht haben kann. Deshalb ist wahre Beratung geistiger Austausch in liebevoller Haltung und Atmosphäre.[37]

Es ist daher vor diesem Hintergrund offensichtlich, dass die Kirchengeschichte mit ihren zahlreichen Spaltungen nicht die Zustimmung der Bahá'í-Autoritäten findet. Im Gegenteil halten sie diese für äußerst katastrophal. Die „Einheit der Kirche Christi" sei demnach „auf nicht wieder gut zu machende Art und Weise erschüttert und ihr Einfluss im Laufe der Zeit untergraben"[38] worden.

Nach der Himmelfahrt Christi erhoben sich zahllose Sekten und Gruppierungen, die alle behaupteten, der wahre Pfad des Christentums zu sein, aber keine von ihnen besaß eine schriftliche Vollmacht Christi; niemand konnte sich direkt auf Ihn berufen; dennoch erhoben sie alle den Anspruch, von Ihm bestätigt worden zu sein.[39]

Nach der Himmelfahrt Christi erschienen viele, die maßgeblich daran beteiligt waren, Gruppenbildungen, Spaltungen und theologische Streitigkeiten zu verursachen. Es wurde immer schwieriger, zu wissen, wer dem

[37] 'Abdu'l-Bahá, zitiert in: Beratung, S. 16.
[38] Shoghi Effendi, Die Weltordnung Bahá'u'lláhs, S. 38f.
[39] 'Abdu'l-Bahá, The Promulgation of Universal Peace, S. 544 [e.Ü.].

Insbesondere bezieht sich 'Abdu'l-Bahá hier auf Nestorius und Arius, zwei mitsamt ihrer Anhängerschaft von der Römischen Reichskirche exkommunizierte und als Irrlehrer verurteilte Gestalten der Spätantike.

Angesichts der Tatsache, dass es sich bei all diesen frühen Debatten und Glaubensspaltungen um solche der höheren Theologie und Christologie, also um „solche theologischen Abhandlungen und Kommentare" handelte, die, in den Worten Shoghi Effendis, „unergiebige Ausflüge in metaphysische Haarspaltereien" darstellten, die „den Menschengeist eher belasten als ihm helfen, zur Wahrheit zu gelangen"[41], ist es verständlich, dass Bahá'u'lláh und später Shoghi Effendi sich mit dem Konzept akademischer theologischer Studien schwer taten und einen Stand von Schriftgelehrten innerhalb der Bahá'í-Religion rigoros ablehnten. Theologische Auseinandersetzungen geraten zu leicht zu „eitlen Disputationen". Die nicht ohne Grund sprichwörtlich gewordene *superbia theologorum* kann somit sowohl zur Bildung orthodoxer und heterodoxer Strömungen innerhalb der Kirche als auch zu ihrem schlussendlichen Auseinanderfallen durch Schismen und Spaltungen beitragen.

Ein solches Ergebnis sollte in der Bahá'í-Gemeindeordnung durch das 'Haus der Gerechtigkeit' vermieden werden, das „ außer seiner Funktion als Gesetzgeber mit den allgemeineren Aufgaben des Schutzes und der Verwaltung der Sache ... sowie mit der Lösung unklarer Fragen und der Entscheidung über Angelegenheiten, die zu

---

[40] 'Abdu'l-Bahá, The Promulgation of Universal Peace, S. 538 [e.Ü.].

[41] Aus den Erläuterungen des Universalen Hauses der Gerechtigkeit zum Kitab-i-Aqdas, 110.

Meinungsverschiedenheiten geführt haben"[42] betraut worden ist. Abdu'l-Bahá erklärt diesen Prozess in einem Sendschreiben wie folgt:

> **Heute ist dieses Ableitungsverfahren das Recht der Körperschaft des Hauses der Gerechtigkeit, und die Schlüsse und Folgerungen einzelner Gelehrter erlangen nur dann Gesetzeskraft, wenn das Haus der Gerechtigkeit ihnen zustimmt. Der klare Unterschied ist, dass aus der Entscheidung durch die Körperschaft des Hauses der Gerechtigkeit, dessen Mitglieder von der weltweiten Bahá'í-Gemeinde gewählt und ihr bekannt sind, keine Konflikte entstehen werden; die Entscheidungen einzelner Theologen und Gelehrter führen dagegen unweigerlich zu Konflikten und enden in Schismen, Spaltung und Zersplitterung..[43]**

Auch wenn sich diese Ausführungen 'Abdu'l-Bahás ursprünglich primär auf die Auslegung des religiösen Rechts beziehen, treffen sie in gewisser Weise auch für alle sonstigen Fragen der Theologie zu. Das Universale Haus der Gerechtigkeit ist zwar nicht dafür zuständig, neue theologische Lehre zu formulieren, wohl aber, die Gemeinde auch in theologischen Fragen vor Spaltung zu bewahren und in dieser Funktion auch Erklärungen zum Inhalt und zur Bedeutung der Glaubenslehren abzugeben. Seine derart formulierte eigene Sichtweise in einer theologischen Debatte innerhalb der Gemeinde stellt es gelegentlich als im Englischen so bezeichnete ‚elucidations' zur Verfügung, wobei es sich hierbei ausdrücklich nicht um verbindliche Auslegungen handelt, sondern um die „Lösung unklarer Fragen" sowie die „Entscheidung über Angelegenheiten, die zu Meinungsverschiedenheiten geführt haben". Dadurch strahlen die Äußerungen des Universalen Hauses der Gerechtigkeit eine besondere Autorität aus und werden innerhalb der Bahá'í-Gemeinde in aller Regel als verbindliches und abschließendes Urteil

---

[42] Aus einem Brief im Auftrag des Universalen Hauses der Gerechtigkeit an einen einzelnen Gläubigen, 07.12.1969.

[43] 'Abdu'l-Bahá, zitiert in einem Brief im Auftrag des Universalen Hauses der Gerechtigkeit an einen einzelnen Gläubigen, 27.05.1966.

in theologischen Auseinandersetzungen akzeptiert, obgleich sie anders als die Auslegungen des Hüters nicht im eigentlichen Sinne „enthüllen, was der Heilige Text bedeutet"[44].

Da die christliche Kirche weder über eine verbindliche Auslegungsinstanz noch über eine Einrichtung wie das Haus der Gerechtigkeit verfügte, kam es schließlich dazu, dass die Einheit der Kirche und der Christenheit über unterschiedlichste theologische Detailfragen verloren ging, sodass sich zahlreiche voneinander unabhängige Konfessionen etablieren konnten, die sich alle gegenseitig verwarfen:

> Da es keinen berufenen Ausleger des Evangeliums gab, erhob jeder einzelne den Anspruch, zu sagen: ‚Dies ist der wahre Pfad und alle anderen gehen in die Irre.'[45]

> In der Religion Gottes entstanden Spaltungen und es wurde unmöglich, zu wissen, wer dem wahren Pfad folgte, da es keinen berufenen Nachfolger Christi gab, auf den sich Christus bezogen hätte, keinen Nachfolger, dessen Worte den geraden Pfad gewiesen hätten.[46]

Martin Luther und die Reformation

Entsprechend der allgemeinen Beurteilung der Kirchenspaltungen der Spätantike und ihrer Ursachen und Konsequenzen wäre es demnach folgerichtig, zu erwarten, dass auch die Reformatoren eine ähnliche Wertung erfahren würden.

Zunächst ist hier jedoch ein Blick auf die Katholische Mutterkirche und ihre weitere Entwicklung angebracht. Denn ebenfalls ein wesentliches Element des Offenbarungsverständnisses der Bahá'í ist,

---

[44] Aus einem Brief im Auftrag des Universalen Hauses der Gerechtigkeit an einen einzelnen Gläubigen, 09.03.1965.

[45] 'Abdu'l-Bahá, The Promulgation of Universal Peace, S. 538 [e.Ü.].

[46] 'Abdu'l-Bahá, The Promulgation of Universal Peace, S. 538 [e.Ü.].

dass jede Religion nach ihrem Aufblühen auch unweigerlich einem Niedergang anheimfallen muss. Diese Entwicklung macht auch vor der Kirche Jesu Christi nicht halt, wie 'Abdu'l-Bahá bestätigt:

> Am Anfang stand der Baum in seiner ganzen Schönheit, bedeckt mit Blüten und Früchten; endlich aber wurde er alt, trug keine Früchte mehr und verdorrte und moderte. Darum pflanzt der wahre Gärtner wiederum einen unvergleichlichen jungen Baum derselben Gattung und Art, der Tag für Tag wächst und sich entfaltet, im göttlichen Garten weithin Schatten spendet und köstliche Früchte hervorbringt. Ebenso ist es mit den Religionen: Im Laufe der Zeiten verändern sich ihre ursprünglichen Grundsätze, die Wahrheit der Religion Gottes geht ganz verloren und ihr Geist entflieht; Irrlehren treten auf, und sie wird zu einem Körper ohne Seele. Dies ist der Grund für ihre Erneuerung. ... Bedenke noch einmal, wie sehr die Grundlagen der Religion Christi in Vergessenheit geraten und wie viele Irrlehren in sie eingedrungen sind. Zum Beispiel verbot Christus Gewalt und Rache; überdies gebot Er, Unrecht und Böses mit Güte und Verzeihung zu erwidern. Denke nun darüber nach, wie viele blutige Kriege die christlichen Völker unter sich geführt haben, und wie viel Unterdrückung, Grausamkeit, Rohheit und Blutgier sich ergeben hat! Viele dieser Kriege wurden auf Veranlassung der Päpste geführt. Somit ist es klar und offenkundig, dass die Religionen sich im Laufe der Zeit völlig ändern und wandeln. Deshalb werden sie erneuert.[47]

Shoghi Effendi geht in einem Sendschreiben ausführlicher auf die Stellen ein, an denen in seinem Urteil Irrlehren und Niedergang in der Katholischen Kirche Einzug gehalten haben.

> Keines der kirchlichen Sakramente, keiner der Riten und keine der Zeremonien, welche die Kirchenväter kunstvoll ausgearbeitet und prunkvoll zelebriert haben, keine der Maßregeln harter Zucht, die sie den einfachen Christen unerbittlich auferlegten - nichts davon beruht unmittelbar auf der Vollmacht Christi oder ging von Seinen ausdrücklichen Worten aus.[48]

---

[47] 'Abdu'l-Bahá, Beantwortete Fragen, S. 165.
[48] Shoghi Effendi, Die Weltordnung Bahá'u'lláhs, S. 39.

Zusammengefasst sind also die Irrlehren, von denen 'Abdu'l-Bahá spricht, im Wesentlichen Abweichungen von Text und Geist des Evangeliums sowie die spätere Hinzufügung von Ritualen und Geboten zur christlichen Lehre, die sich aus dem Evangelientext heraus nicht rechtfertigen lassen.

> **Fünfzehn Jahrhunderte nach Christus wandte sich Luther, ... der Begründer des protestantischen Glaubens, gegen den Papst, und zwar wegen gewisser Lehraussagen wie des Eheverbots für Mönche, des verehrungsvollen Niederbeugens vor den Bildern von Aposteln und christlichen Führern der Vergangenheit sowie wegen verschiedener anderer religiöser Praktiken und Bräuche, die den Geboten des Evangeliums hinzugefügt worden waren.** [49]

'Abdu'l-Bahá sieht in diesen angesprochenen Irrlehren den Kern der Kritik Martin Luthers an der Katholischen Kirche,wobei zu ergänzen wäre, dass das biblische Bilderverbot und dessen erneute Durchsetzung im kirchlichen Kontext insbesondere ein zentrales Anliegen Calvins war, wohingegen Luther lediglich die ausufernde Heiligenverehrung und die mit ihr verbundene Reliquienverehrung kritisierte. Auch wenn gemäß 'Abdu'l-Bahás Darstellung der Auseinandersetzung Luthers mit den Lehren der Katholischen Kirche und seiner Konflikte mit dem Papst „nicht klar wurde, welche Zielvorstellung jenen Mann vorantrieb oder wozu er neigte"[50], werden seine Kritikpunkte doch als absolut berechtigt angesehen.

Dass es sich bei den behandelten Streitpunkten auch nach dem Bahá'í-Verständnis um spätere Hinzufügungen zu den Geboten Jesu handelt, wird noch deutlicher, wenn man Shoghi Effendis Versicherung hinzuzieht, dass sich „Stimmen des Protests erhoben gegen eine selbsternannte Amtsgewalt, die sich Vorrechte und Vollmachten, welche nicht aus dem klaren Text des Evangeliums Jesu

---

[49] 'Abdu'l-Bahá, Das Geheimnis göttlicher Kultur, S. 45.
[50] 'Abdu'l-Bahá, Das Geheimnis göttlicher Kultur, S. 46.

Christi hervorgingen, anmaßte und damit eine schwerwiegende Abweichung vom Geist dieses Evangeliums darstellte"[51]. In beiden Fällen werden die erwähnten Abweichungen als Tatsachen geschildert, die keiner weiteren Erörterung bedürfen. Im Gegenteil schließt sich Shoghi Effendi ausdrücklich der Kritik der Reformatoren an, wenn er schreibt:

> Mit aller Macht und vollem Recht führten diese Stimmen des Protestes aus, die kanonischen Schriften, wie sie von den Kirchenkonzilien verkündet wurden, seien keine gottgegebenen Gesetze, vielmehr nur menschliche Vorkehrungen, die nicht einmal auf tatsächlichen Äußerungen Jesu beruhten. Ihre Beweisführung kreiste um die Tatsache, dass die ungenauen, kaum beweiskräftigen Worte Christi an Petrus: „Du bist Petrus, und auf diesen Felsen will Ich Meine Kirche bauen", niemals die extremen Zwangsmittel, das kunstvolle Zeremoniell, die einengenden Dogmen und Glaubenssätze rechtfertigen könnten, mit denen Seine Nachfolger Schritt für Schritt Seinen Glauben überbürdet und verfinstert haben.[52]

In diesem Zusammenhang schließt sich Shoghi Effendi auch weiteren dezidiert protestantischen Argumentationen an, denn auch die Siebenzahl der Sakramente, die die Katholische Kirche vertritt, ist nach Luthers Ansicht nicht biblisch begründbar. Martin Luther und Shoghi Effendi stimmen darin überein, dass lediglich ausdrücklich von Jesus eingesetzte Sakramente als solche bezeichnet und behandelt werden sollten.

> In Bezug auf die von Jesus eingesetzten Sakramente und Zeremonien würde der Hüter vorschlagen, dass Sie herausstellen sollten, dass Jesus, soweit es im Evangelium aufgezeichnet ist, lediglich zwei Sakramente selbst gestiftet hat. Unser Wissen über Jesu Leben und seine Lehren ist sehr fragmentarisch und so wäre es zutreffender, wenn sie erklären würden, dass diese Sakramente die einzigen sind, die im Evangelium schriftlich niedergelegt wurden, und dass sie nicht die einzigen sein könnten.[53]

---

[51] Shoghi Effendi, Die Weltordnung Bahá'u'lláhs, S. 39.

[52] Shoghi Effendi, Die Weltordnung Bahá'u'lláhs, S. 39f.

[53] Aus einem Brief im Auftrag Shoghi Effendis an einen einzelnen Gläubigen, 12.11.1933 [e.Ü.].

Die hier vorgenommene Einschränkung hält zwar den Weg des Dialogs offen, ist aber nicht zuletzt auch dem Bibelverständnis der Bahá'í geschuldet, die nur das als authentisches Jesuswort anerkennen, was von Bahá'u'lláh oder Abdu'l-Bahá als solches bestätigt worden ist. Andere Sakramente wie die Ehe, die als heilige Institution betrachtet wird, tauchen in den Bahá'í-Schriften zwar auf, werden jedoch als einfache Gebote behandelt. Das von Bahá'u'lláh erwähnte Verbot der Ehescheidung[54] ist für ihn in erster Linie eine rechtliche Frage. Die anderen Sakramente wie die Priesterweihe, die Salbung und ganz besonders die Beichte, die Bahá'u'lláh im Gegensatz zu Luther konsequent ablehnt[55], werden im Zusammenhang mit Jesus nicht thematisiert und die Sakramente folglich nicht als solche anerkannt.

In gleicher Weise wie Luther hat auch Bahá'u'lláh in seinem Kitáb-i-Aqdas einige wesentliche Lehren und Praktiken der Katholischen Kirche verworfen. Shoghi Effendi bringt dies besonders mit der Abschaffung des Priestertums in der Bahá'í-Religion in Zusammenhang, wenn er schreibt:

> Auch sollten wir uns bewusst sein, dass das Unterscheidungsmerkmal der Bahá'í-Offenbarung nicht allein in der Vollständigkeit und der unzweifelhaften Rechtsgültigkeit des Glaubenssystems besteht, das Bahá'u'lláh und 'Abdu'l-Bahá mit ihren Lehren begründet haben. Ihre Vortrefflichkeit liegt auch in der Tatsache des wirksamen Ausschlusses solcher Elemente, die in vergangenen Sendungen ohne die geringste Vollmacht der jeweiligen Religionsstifter Quelle des Verderbs waren und dem Glauben Gottes unabsehbaren Schaden zufügten. Durch den klaren Text der Schriften Bahá'u'lláhs sind sie beseitigt worden. Unberechtigte Bräuche in Verbindung mit dem Sakrament der Taufe, dem Abendmahl, der Beichte, der Askese, der Priesterherrschaft, kunstvollem Zeremoniell, dem heiligen Krieg ... sind allesamt

---

[54] Bahá'u'lláh, Das Buch der Gewissheit (Kitáb-i-Íqán), S. 15.

[55] Aus den Erläuterungen des Universalen Hauses der Gerechtigkeit zum Kitab-i-Aqdas, 58.

> durch die Feder Bahá'u'lláhs streng untersagt worden. Andererseits sind
> gewisse Vorschriften wie das Fasten, die für das Glaubensleben des einzelnen
> unerlässlich sind, in ihrer Strenge beträchtlich gemildert worden.[56]

Es fällt auf, dass die wesentlichen Veränderungen, die Shoghi Effendi
in Bezug auf die Bahá'í-Religion hervorhebt, auch immer wieder in
seinen Ausführungen bezüglich des Reformationsgeschehens auf-
tauchen. So sind zum Beispiel die „Aufhebung des berufsmäßigen
Priestertums und … das vollkommene Fehlen bischöflicher Autorität
mit den sie begleitenden Privilegien, Entstellungen und verbeamtenden Tendenzen" durch Luthers Lehre vom *Priestertum aller
Gläubigen* bereits im Wesentlichen vorgezeichnet. Luther selbst
bestritt die Notwendigkeit einer Vermittlungsinstanz in Form des
Priestertums zwischen Gott, Christus und den Gläubigen auf Basis
seiner Gnadenlehre (*sola gratia*):

> Alle Christen sind wahrhaft geistlichen Standes, und ist unter ihnen kein
> Unterschied dann des Amts halben allein. … Demnach so werden wir allesamt
> durch die Taufe zu Priestern geweiht. … Was aus der Taufe gekrochen ist, das
> mag sich rühmen, dass es schon Priester, Bischof und Papst geweiht sei,
> obwohl es nicht jedem ziemt, dieses Amt auch auszuüben.[57]

Die Bahá'í schätzen den Ansatz des Priestertums aller Gläubigen
hoch, entstanden doch auch sie im Ursprung als reformatorische
Bewegung innerhalb des Islams und hatten sie gegen die Erstarrtheit
des schiitischen Klerus anzukämpfen, der die Gläubigen in Abhängigkeit hielt. Die Abhängigkeit der Masse der Gläubigen ist auch der
maßgeblich Punkt, der dazu führte, dass das Priestertum innerhalb
der sich entwickelnden Bahá'í-Religion in Aufnahme und Er-
weiterung des reformatorischen Anliegens schließlich gänzlich auf-
gehoben wurde. Shoghi Effendi beschrieb die Erfordernisse eines
solcherart radikalisierten *Priestertums aller Gläubigen* folgendermaßen:

---

[56] Shoghi Effendi, Die Weltordnung Bahá'u'lláhs, S. 42.
[57] M. Luther, An den christlichen Adel deutscher Nation.

Bahá'u'lláh hat den Bahá'í die heilige Pflicht des Lehrens auferlegt. Wir haben keine Priester, deshalb wird von jedem einzelnen Bahá'í erwartet, dass er persönlich seiner Religion den Dienst erweist, den früher die Priester in ihren Religionen geleistet haben. Er muss neue Seelen erleuchten, sie bestärken, die auf dem Lebensweg Verwundeten und Ermüdeten heilen und ihnen aus dem Kelch ewigen Lebens zu trinken geben: das Wissen von der Manifestation Gottes an Seinem Tage.[58]

Es ist daher nicht abwegig, zu behaupten, Luther habe einige wesentliche Kritikpunkte der Bahá'í an der Entwicklung der christlichen Religion bereits vorweggenommen, denn „nichts" von dem, was Luther und Bahá'u'lláh kritisierten, habe „Christus geschaffen"[59], sodass den Reformatoren letztendlich das Privileg zukommt, im Gegensatz zu den Spaltern der Vergangenheit auf berechtigter Grundlage ebenso berechtigte Zweifel an der Entwicklung zur Sprache gebracht zu haben, die die Katholische Kirche genommen hatte.

Der Beitrag, den die Reformation wirklich geleistet hat, ist, das Gebäude, das die Kirchenväter sich selbst errichtet hatten, ernsthaft herausgefordert und teilweise ins Wanken gebracht und den gänzlich menschlichen Ursprung der kunstvoll ausgearbeiteten Lehren, Zeremonien und Institutionen entlarvt zu haben, die sie ersonnen hatten. Die Reformation war eine notwendige Infragestellung der menschengemachten Struktur der Kirche, und als solche ein Fortschritt.[60]

So berechtigt die Anliegen Luthers jedoch gewesen sein mögen, und so wenig seine Bewertung derjenigen des Nestorius oder des Arius gleicht, kann dies dennoch nicht darüber hinwegtäuschen, dass auch die Reformation zu einer erneuten Kirchenspaltung führte. Es wäre aus Bahá'í-Sicht sicherlich eher im Sinne der Einheit der christlichen Gemeinde gewesen, die Streitigkeiten kirchenintern zu lösen und dabei auf das Modell der Beratung zurückzugreifen.

---

[58] Aus einem Brief im Auftrag Shoghi Effendis an einen Nationalen Rat, 05.07.1957.

[59] Shoghi Effendi, Die Weltordnung Bahá'u'lláhs, S. 39.

[60] Aus einem Brief im Auftrag Shoghi Effendis an einen einzelnen Gläubigen, 28.12.1936 [e.Ü.].

So muss denn auch die durch die Reformation Martin Luthers einge-
leitete Kirchenspaltung als ein bedauernswertes Ereignis betrachtet
werden, in dem Sinne, dass hierdurch die Einheit der Christenheit
schwer geschädigt wurde.

Eine eindeutig negative Wertung der Reformation verbietet sich
jedoch aus einem ganz entscheidenden Grund: Es gab in der christlichen Kirche vom Bahá'í-Standpunkt aus kein autoritatives Lehr-
amt, das in der Lage oder befugt gewesen wäre, solche theologischen
Streitigkeiten zu schlichten und die Einheit der Kirche Christi zu
bewahren. Shoghi Effendi lässt keinen Zweifel daran, dass die Entwicklung, die das Christentum in späterer Zeit nahm, zum einen
darauf beruhte, dass die Lehren der Katholischen Kirche zu einem
guten Teil nicht biblisch verankert waren und zum anderen darauf,
dass die Kirche selbst in ihrer konkreten Form bereits ein ungerecht-
fertigtes Hilfskonstrukt darstellte:

> Wäre es den Kirchenvätern, deren ungerechtfertigte Autorität so von allen
> Seiten heftig angegangen wurde, möglich gewesen, die auf ihr Haupt gehäuf-
> ten Anklagen dadurch zu widerlegen, dass sie bestimmte Äußerungen Christi
> zur künftigen Verwaltung Seiner Kirche oder zum Wesen der Amtsmacht
> Seiner Nachfolger hätten anführen können, dann wären sie sicherlich in der
> Lage gewesen, die Flammen des Streites zu löschen und die Einheit der
> Christenheit zu erhalten. Das Evangelium aber, die einzige Schatzkammer der
> Äußerungen Christi, bot den gequälten Kirchenführern keinen derartigen
> Schutz. Hilflos standen sie dem unbarmherzigen Angriff ihrer Feinde gegen-
> über, und schließlich mussten sie sich den Kräften der Spaltung, die in ihre
> Reihen eindrangen, beugen.[61]

'Abdu'l-Bahá konkretisiert diese allgemeinen Äußerungen noch mit
explizitem Rekurs auf Martin Luther:

> Obwohl zu jener Zeit die Macht des Papstes so groß war und er mit solcher
> Ehrfurcht behandelt wurde, dass die Könige Europas vor ihm zitterten und
> bebten, obwohl der Papst alle wichtigen Belange Europas kontrollierend im
> Griff hielt, haben doch in den letzten 400 Jahren die Mehrheit der

---

[61] Shoghi Effendi, Die Weltordnung Bahá'u'lláhs, S. 40.

> Bevölkerung Amerikas, vier Fünftel von Deutschland und England und ein
> großer Prozentsatz von Österreichern, alles in allem etwa hundertfünf-
> undzwanzig Millionen Menschen, andere christliche Bekenntnisse verlassen
> und sind in die protestantische Kirche eingetreten, weil Luthers Einstellung in
> der Frage der Freiheit von Religionsführern zur Heirat, in seiner Abkehr von
> der Anbetung und vom Niederknien vor Bildern und Heiligenfiguren, die in
> Kirchen hingen, und in der Abschaffung von Zeremonien, die dem Evan-
> gelium beigefügt worden waren, nachweislich richtig war, ferner weil die
> richtigen Mittel ergriffen wurden, seine Ansichten zu verbreiten.[62]

Die Schuld an der durch Luther eingeleiteten Kirchenspaltung ist
also keinesfalls allein bei ihm und seinen Anhängern zu suchen,
denn die Amtsanmaßung der 'Kirchenväter' machte diese Protest-
bewegung sowohl möglich als auch nötig. Nicht umsonst beschreibt
Shoghi Effendi die Reformation als „notwendige Infragestellung der
menschengemachten Struktur der Kirche"[63]. Die Reformation war
notwendig, um der Kirche ihre Abweichung vom Evangelium
bewusst zu machen und sie auf den Weg der Umkehr zu führen, die
mit der Gegenreformation und dem Zweiten Vatikanischen Konzil
schlussendlich auch einsetzte.

So deutlich auch die Worte gegenüber Katholiken und Protestanten,
positiv oder negativ, zum Teil in den obigen Ausführungen ausge-
fallen sein mögen, sollte dies nicht zu dem Fehlurteil verleiten, die
Bahá'í bezögen im ökumenischen Gespräch offen Stellung für oder
wider die eine oder die andere Kirche. Die Bahá'í sollen sich im
Gegenteil „über jegliche Absonderung und Parteilichkeit ...
erheben"[64]. Insofern beurteilen sie zwar die Geschehnisse der
Kirchengeschichte im Rahmen ihres eigenen theologischen Kon-
zeptes, eine partikulare Stellungnahme würde aber den Sinn all
dessen verfehlen, wofür Bahá'u'lláh gekommen ist. Aus Bahá'í-Sicht
ist die Lehre keiner Kirche vollständig mit den Bahá'í-Lehren

---

[62] 'Abdu'l-Bahá, Das Geheimnis göttlicher Kultur, S. 45.

[63] Aus einem Brief im Auftrag Shoghi Effendis an einen einzelnen Gläubigen,
28.12.1936 [e.Ü.].

[64] Shoghi Effendi, Die Weltordnung Bahá'u'lláhs, S. 101.

kompatibel, aber ebensowenig ist irgendeine Kirche weiter von der gedachten Wahrheit entfernt als eine andere. Shoghi Effendi macht dies in einem Brief in seinem Auftrag deutlich:

> **Die Kirchen predigen Lehren – völlig verschiedene in den jeweiligen Konfessionen – die wir als Bahá'í nicht annehmen können; so wie die leibliche Auferstehung, die Beichte oder, in manchen Bekenntnissen, die Leugnung der Jungfrauengeburt. In anderen Worten: Es gibt heutzutage keine Christliche Kirche, von deren Dogmen wir als Bahá'í behaupten könnten, dass wir sie in ihrer Gesamtheit akzeptieren.[65]**

Die Kirchen sind also für die Bahá'í grundsätzlich gleichwertig und somit wird im praktischen Dialog mit ihnen kein Unterschied gemacht, wenngleich 'Abdu'l-Bahá und Shoghi Effendi auch eine ideelle Führungsposition Petri im Jüngerkreis verteidigen und die Katholische Kirche unter diesem Blickwinkel, „wenn Sie so wollen, die Erbin der Lehren Christi in direkter Linie ist"[66]. Zudem muss auch bedacht werden, dass die Kirche als Organisation für die Bahá'í nur ein äußeres Gerüst für die wahre Christenheit bildet – die Gemeinschaft der Gläubigen. 'Abdu'l-Bahá schreibt:

> **Das Vermächtnis Christi waren nicht die Kirchen, sondern die erleuchteten Seelen derjenigen, die an Ihn glaubten.[67]**

Im praktischen Umgang bedeutet dies, dass die Organisationsstruktur der Kirchen und die Berechtigung ihrer Amtsträger im Regelfall nicht Inhalt des interreligiösen Austausches zwischen Christen und Bahá'í sind. Es ist daher für die Bahá'í auch eine unwesentliche Frage, ob es so etwas wie eine 'Apostolische Sukzession', also die Weitergabe einer ursprünglichen Beauftragung der Jünger durch Jesus per Handauflegung, tatsächlich gegeben hat. Jedenfalls

---

[65] Aus einem Brief im Auftrag Shoghi Effendis an eine lokale Gemeinde, 24.06.1947 [e.Ü.].

[66] Aus einem Brief im Auftrag Shoghi Effendis an einen einzelnen Gläubigen, 22.03.1950 [e.Ü.].

[67] 'Abdu'l-Bahá, The Promulgation of Universal Peace, S. 616 [e.Ü.].

konstituiert sie keine Kirchlichkeit und somit sind Lutheraner und Reformierte für die Bahá'í ebenso im Vollsinn 'Kirche', wie die Römisch-Katholische Konfession. Daher ist es klar, „dass die Bahá'í sehr vorsichtig sein sollten, nicht die Kirche zu kritisieren oder gar anzugreifen"[68]. Dies bezieht sich auf alle Kirchen gleichermaßen, mit denen gleichermaßen freundschaftliche Beziehungen und konstruktive Zusammenarbeit aufgebaut werden sollen:

> **„Man sollte die Begriffe „Eingliederung" und „Angliederung" nicht durcheinanderbringen. Während Eingliederung in kirchliche Organisationen nicht statthaft ist, sollte eine Angliederung nicht nur toleriert, sondern sogar gefördert werden. Auf keine bessere Art und Weise kann man die Universalität der Sache demonstrieren. Bahá'u'lláh drängt in der Tat Seine Anhänger, sich mit allen Religionen und Nationen in äußerster Freundlichkeit und Liebe zu vereinigen. Dies bildet den wirklichen Geist Seiner Botschaft an die Menschheit."[69]**

Die Kirchen können von einem solchen Ansatz sicher profitieren und vielleicht bringt die Auseinandersetzung mit der Bahá'í-Religion auch die christlichen Konfessionen wieder näher zueinander, indem sie sich ihrer selbst und ihrer Gemeinsamkeiten mit dem Gegenüber vergewissern. In jedem Fall aber werden die Bahá'í niemals kirchenfeindliche Tendenzen dulden oder sich an kirchenfeindlichen Kampagnen in der Gesellschaft beteiligen:

> **Ganz gleich, wie die Haltung anderer Menschen gegenüber der Kirche allgemein sein mag, hat dies keinen Einfluss auf die Bahá'í-Haltung.[70]**

Das Verhältnis der Bahá'í zur Reformation bleibt also ambivalent, da einerseits die Notwendigkeit der Reformation und die Richtigkeit ihrer Anliegen anerkannt, andererseits aber deren letztendliches

---

[68] Aus einem Brief im Auftrag Shoghi Effendis an einen einzelnen Gläubigen, 22.03.1950 [e.Ü.].

[69] Aus einem Brief im Auftrag Shoghi Effendis an einen Nationalen Rat, 11.12.1935.

[70] Aus einem Brief im Auftrag Shoghi Effendis an einen Nationalen Rat, 18.08.1949 [e.Ü.].

Ende in einer großen Kirchenspaltung negativ beurteilt wird. In keinem Fall beeinflusst dies aber das Verhältnis zu einer der christlichen Kirchen, vielmehr werden die Christen von den Bahá'í kollektiv als interreligiöses Gegenüber wahrgenommen, dessen Glaube und Existenzberechtigung sich in erster Linie und maßgeblich aus der Bibel selbst herleiten, nicht aus einer bestimmten kirchlichen Tradition.

Insofern kann aus Bahá'í-Sicht jeder Schritt in Richtung der Ökumene und der Zusammenarbeit der Kirchen nur vollste Zustimmung finden. In diesem Lichte ist die Gründung des Ökumenischen Rates der Kirchen auf Weltebene im Jahr 1950 sicherlich einer der entscheidendsten Schritte auf dem Weg zur Wiedervereinigung der Christenheit.

Die Evangelischen Kirchen können darauf vertrauen, dass der Absolutheitsanspruch des Papsttums niemals zum Streitpunkt mit ihren Bahá'í-Gesprächspartnern werden wird, obgleich 'Abdu'l-Bahá und Shoghi Effendi die Vorrangstellung Petri im Grundsatz bestätigen. Auf der anderen Seite kommen die Bahá'í in vielen die Entwicklung der Kirche betreffenden Fragen zu den gleichen Ergebnissen wie Luther, doch wird dies ebenso wenig das Verhältnis zur Römisch-Katholischen Kirche belasten, da die aufgeworfenen Fragen aus Bahá'í-Sicht zwar interessant, aber nicht wesentlich sind. Viel entscheidender ist im interreligiösen Gespräch, die Gemeinsamkeiten in der Ethik und im religiösen Lebenswandel zu betonen.

Für die nahe Zukunft können die Bahá'í der Evangelischen und der Katholischen Kirche nur aus vollstem Herzen wünschen, im Sinne der Bahá'í-Sicht die Reformation als eine Phase der Selbstbesinnung der Christenheit aufzufassen und zu würdigen und entsprechend auch das Reformationsjubiläum 2017 gemeinsam zu feiern.

In diesem selben Geiste beten wir Bahá'í für die Einheit der Christenheit und der Religionen der Welt:

O Du gütiger Herr! Vereinige alle. Gib, dass die Religionen in Einklang kommen und vereinige die Völker, auf dass sie einander ansehen wie eine Familie und die ganze Erde wie eine Heimat. O dass sie doch in vollkommener Harmonie zusammenlebten! [...]

O Du gütiger Vater, Gott! Erfreue unsere Herzen durch den Duft Deiner Liebe. Erhelle unsere Augen durch das Licht Deiner Führung. Erquicke unsere Ohren mit dem Wohlklang Deines Wortes und beschütze uns alle in der Feste Deiner Vorsehung.

Du bist der Mächtige und der Kraftvolle, Du bist der Vergebende und Du bist der, welcher die Mängel der ganzen Menschheit übersieht.

'Abdu'l-Bahá – Bahá'í-Gebete #196

<u>Martin Luther und die Reformation – Eine Textzusammenstellung</u>

Aus den Schriften Bahá'u'lláhs, 'Abdu'l-Bahás, Shoghi Effendis und des Universalen Hauses der Gerechtigkeit

Schriftverständnis der Bahá'í

Die Bahá'í glauben, dass das, was in der Bibel steht, in seinem Wesenskern wahr ist. Das bedeutet nicht, dass jeder einzelne Vers in dieser Schrift wörtlich genommen werden und wie die authentische Wiedergabe der Worte eines Propheten behandelt werden sollte. [...]

Die Bahá'í glauben, dass die Offenbarung unter der Fürsorge und dem Schutz Gottes steht und dass der Wesenskern, oder die wesentlichen Teile, dessen, was Seine Manifestationen festzuhalten beabsichtigten, in diesen Heiligen Texten aufgezeichnet und bewahrt worden ist. Da die Worte der alten Propheten erst einige Zeit später niedergeschrieben worden sind, können wir nicht mit Bestimmtheit sagen, dass die Worte und Aussagen, die Ihnen zugeschrieben werden, ihre genauen Worte waren, anders als wir dies im Fall der Schriften Bahá'u'lláhs können.

(Aus einem Brief im Auftrag des Universalen Hauses der Gerechtigkeit an einen einzelnen Gläubigen, 09.08.1984 [e.Ü.])

Wir können nicht sicher sein, wie viel oder wie wenig von den vier Evangelien authentisch ist und die Worte Christi und Seine unverwässerten Lehren enthält. Alles, dessen wir uns als Bahá'í sicher sein können, ist dass das, was von Bahá'u'lláh oder dem Meister zitiert worden ist, absolut authentisch sein muss.

(Aus einem Brief im Auftrag des Hüters an einen einzelnen Gläubigen, 23.01.1944 [e.Ü.])

Gemäß der Lehren Bahá'u'lláhs kann bloßem Hörensagen keinerlei Autorität beigemessen werden, ganz gleich, von wem es geäußert worden sein mag. Die Tafeln, die das Siegel oder die Unterschrift Bahá'u'lláhs oder des Meisters tragen, sind die einzigen Teile der Bahá'í-Literatur, die überhaupt irgendeine Verbindlichkeit haben und daher die Grundlage unseres Glaubens bilden. Alle anderen Formen von Literatur mögen interessante Dinge ansprechen, doch können sie deswegen allein nicht als authentisch betrachtet werden.

(Aus einem Brief im Auftrag Shoghi Effendis an einen Nationalen Rat, 18.11.1931 [e.Ü.])

Zwei- oder Siebenzahl der Sakramente?

In Bezug auf die von Jesus eingesetzten Sakramente und Zeremonien würde der Hüter vorschlagen, dass Sie herausstellen sollten, dass Jesus, soweit es im Evangelium aufgezeichnet ist, lediglich zwei Sakramente selbst gestiftet hat. Unser Wissen über Jesu Leben und seine Lehren ist sehr fragmentarisch und so wäre es zutreffender, wenn sie erklären würden, dass diese Sakramente die einzigen sind, die im Evangelium schriftlich niedergelegt wurden, und dass sie nicht die einzigen sein könnten. Es mag andere Lehren und Sakramente geben, von denen keine Aufzeichnungen zurückgeblieben sind.

(Aus einem Brief im Auftrag Shoghi Effendis an einen einzelnen Gläubigen, 12.11.1933 [e.Ü.])

Papstamt und Kirchenverfassung

Christus ernannte keinen Mittelpunkt des Bündnisses. Er sagte Seinen Anhänger nicht: „Gehorcht dem, den Ich erwählt habe!" Einmal fragte Er Seine Jünger: „Wer sagen die Menschen, dass Ich sei?" Simon Petrus antwortete und sprach: „Du bist Christus, der Sohn des lebendigen Gottes." Christus sprach im Bestreben, den Glauben Petri zu festigen: „Du bist Petrus, und auf diesem Felsen will Ich meine Kirche bauen", und meinte damit, dass der Glaube Petri der wahre Glaube war. Es war eine Bestätigung der Treue Petri. Er sagte nicht, dass alle sich Petrus zuwenden sollten. Er sagte nicht: „Er ist der Ast, der dieser Urewigen Wurzel entspross." Er sagte nicht: „O Gott! Segne alle, die Petrus dienen. O Gott! Erniedrige, die ihm nicht gehorchen. Meidet die Bündnisbrecher. O Gott! Du bist es gewiss, dass Ich liebe, die standhaft sind in Deinem Bund." [...]

Nach der Himmelfahrt Christi erhoben sich zahllose Sekten und Gruppierungen, die alle behaupteten, der wahre Pfad des Christentums zu sein, aber keine von ihnen besaß eine schriftliche Vollmacht Christi; niemand konnte sich direkt auf Ihn berufen; dennoch erhoben sie alle den Anspruch, von Ihm bestätigt worden zu sein.

('Abdu'l-Bahá, The Promulgation of Universal Peace, S. 544 [e.Ü.])

Konnte Petrus, das anerkannte Oberhaupt der Apostel ... zur Bekräftigung des Vorrangs, mit dem [er] ausgestattet war..., schriftliche und ausdrückliche Bestätigungen von Christus ... aufweisen, mit denen [er] diejenigen zum Schweigen hätten bringen können, die unter [seinen] Zeitgenossen oder in einer späteren Zeit [seine] Autorität zurückgewiesen und durch ihre Handlungsweise die bis auf den heutigen Tag fortbestehenden Glaubensspaltungen beschleunigt haben?

(Shoghi Effendi, Die Weltordnung Bahá'u'lláhs, S. 208)

Was den Ausspruch Jesu Christi „Du bist Petrus, und auf diesen Felsen will ich meine Kirche bauen" betrifft; dieser Spruch begründet ohne jeden Zweifel die Vorrangstellung Petri und ebenso den Grundsatz der Nachfolge, doch ist er nicht ausdrücklich genug, was die Wesensart und Funktionsweise der Kirche selbst anbetrifft. Die Katholiken haben zu viel in diesen Ausspruch hineingelesen, und leiteten von diesem gewisse Schlussfolgerungen ab, die überhaupt nicht zu rechtfertigen sind.

(Aus einem Brief im Auftrag Shoghi Effendis an einen einzelnen Gläubigen, 07.09.1938 [e.Ü.])

Kirchenspaltungen, Schismen und theologische Streitigkeiten

Nach der Himmelfahrt Christi erschienen viele, die maßgeblich daran beteiligt waren, Gruppenbildungen, Spaltungen und theologische Streitigkeiten zu verursachen. Es wurde immer schwieriger, zu wissen, wer dem wahren Pfad folgte. Einer dieser Unruhestifter war Nestorius, ein Syrer, der erklärte, dass Christus mehr als ein Prophet Gottes gewesen sei. Dies verursachte eine Spaltung der Kirche und schuf eine Sekte, die sich Nestorianer nannte. Die Katholiken lehrten, dass Christus der Sohn Gottes sei, und erklärten Ihn sogar selbst zur Gottheit. Die Protestanten nahmen schließlich gleichsam die Lehre an, dass Christus zwei Seinsweisen eigen sind: eine menschliche und eine göttliche. Kurzum, in der Religion Gottes entstanden Spaltungen, und es wurde unmöglich, zu wissen, wer dem wahren Pfad folgte, da es keinen berufenen Nachfolger Christi gab, auf den sich Christus bezogen hätte, keinen Nachfolger, dessen Worte den geraden Pfad gewiesen hätten. Hätte Christus mit irgendeiner Seele einen Bund geschlossen und allen befohlen, sich an dessen Wort zu halten und seine Auslegungen als wahr anzuerkennen, wäre es offensichtlich gewesen, welche Glaubensvorstellungen gültig und wahr sein sollten. Da es keinen berufenen Ausleger des Evangeliums gab, erhob jeder einzelne den Anspruch, zu sagen: „Dies ist der wahre Pfad und alle anderen gehen in die Irre."

('Abdu'l-Bahá, The Promulgation of Universal Peace, S. 538 [e.Ü.])

Die Schrift gebietet, Wissen zu erlangen und Kunst und Wissenschaften zu studieren. Die Bahá'í werden ermahnt, Fachleute und Gelehrte zu achten, und vor Studien gewarnt, die nur zu müßigen Disputen führen.

In Seinen Tafeln rät Bahá'u'lláh den Gläubigen, "nützliche" , "Fortschritt und Entwicklung" der Gesellschaft fördernde Wissenschaften und Künste zu studieren, und warnt sie vor Wissenschaften, die mit Worten beginnen und mit Worten enden und deren Verfolg zu "eitlen Disputationen" führt. In einem in seinem Auftrag geschriebenen Brief bezeichnet Shoghi Effendi Wissenschaften, die mit Worten beginnen und mit Worten enden, als "unergiebige Ausflüge in metaphysische Haarspaltereien". In einem anderen Brief erklärt er, was Baha'u'lláh in erster Linie mit solchen "Wissenschaften" gemeint habe, seien "solche theologischen Abhandlungen und Kommentare, die den Menschengeist eher belasten als ihm helfen, zur Wahrheit zu gelangen".

(Aus den Erläuterungen des Universalen Hauses der Gerechtigkeit zum Kitab-i-Aqdas, 110)

Heute ist dieses Ableitungsverfahren das Recht der Körperschaft des Hauses der Gerechtigkeit, und die Schlüsse und Folgerungen einzelner Gelehrter erlangen nur dann Gesetzeskraft, wenn das Haus der Gerechtigkeit ihnen zustimmt. Der klare Unterschied ist, dass aus der Entscheidung durch die Körperschaft des Hauses der

Gerechtigkeit, dessen Mitglieder von der weltweiten Bahá'í-Gemeinde gewählt und ihr bekannt sind, keine Konflikte entstehen werden; die Entscheidungen einzelner Theologen und Gelehrter führen dagegen unweigerlich zu Konflikten und enden in Schismen, Spaltung und Zersplitterung

('Abdu'l-Bahá, zitiert in einem Brief im Auftrag des Universalen Hauses der Gerechtigkeit an einen einzelnen Gläubigen, 27.05.1966)

Martin Luther und die Reformation

Fünfzehn Jahrhunderte nach Christus wandte sich Luther, ... der Begründer des protestantischen Glaubens, gegen den Papst, und zwar wegen gewisser Lehraussagen wie des Eheverbots für Mönche, des verehrungsvollen Niederbeugens vor den Bildern von Aposteln und christlichen Führern der Vergangenheit sowie wegen verschiedener anderer religiöser Praktiken und Bräuche, die den Geboten des Evangeliums hinzugefügt worden waren. obwohl zu jener Zeit die Macht des Papstes so groß war und er mit solcher Ehrfurcht behandelt wurde, dass die Könige Europas vor ihm zitterten und bebten, obwohl der Papst alle wichtigen Belange Europas kontrollierend im Griff hielt, haben doch in den letzten 400 Jahren die Mehrheit der Bevölkerung Amerikas, vier Fünftel von Deutschland und England und ein großer Prozentsatz von Österreichern, alles in allem etwa hundertfünfundzwanzig Millionen Menschen, andere christliche Bekenntnisse verlassen und sind in die protestantische Kirche eingetreten, weil Luthers Einstellung in der Frage der Freiheit von Religionsführern zur Heirat, in seiner Abkehr von der Anbetung und vom Niederknien vor Bildern und Heiligenfiguren, die in Kirchen hingen, und in der Abschaffung von Zeremonien, die dem Evangelium beigefügt worden waren, nachweislich richtig war, ferner weil die richtigen Mittel ergriffen wurden, seine Ansichten zu verbreiten. ... Auch wenn nicht klar wurde, welche

Zielvorstellung jenen Mann vorantrieb oder wozu er neigte, seht nur den Eifer und die Mühe, mit der die protestantischen Führer seine Lehren weit und breit verkündet haben!

Niemand wird, meine ich, die Tatsache anzweifeln, dass der Hauptgrund, warum die Einheit der Kirche Christi auf nicht wieder gut zu machende Weise erschüttert und ihr Einfluss im Laufe der Zeit untergraben wurde, darin liegt, dass das Bauwerk, das die Kirchenväter nach dem Hinscheiden Seines Ersten Apostels errichtet hatten, nicht auf Christi eigenen und ausdrücklichen Weisungen ruhte. Die Amtsgewalt und die Merkmale ihrer Verwaltung sind nur gefolgert und mittelbar, mehr oder minder berechtigt, aus einigen ungenauen, bruchstückhaften Hinweisen abgeleitet, die sie unter Seinen im Evangelium aufgezeichneten Worten verstreut fanden. Keines der kirchlichen Sakramente, keiner der Riten und keine der Zeremonien, welche die Kirchenväter kunstvoll ausgearbeitet und prunkvoll zelebriert haben, keine der Maßregeln harter Zucht, die sie den einfachen Christen unerbittlich auferlegten - nichts davon beruht unmittelbar auf der Vollmacht Christi oder ging von Seinen ausdrücklichen Worten aus. Nichts davon hat Christus geschaffen, noch hat Er eine dieser Institutionen besonders mit der hinreichenden Vollmacht belehnt, Sein Wort auszulegen oder dem, was Er nicht ausdrücklich geboten hat, etwas hinzuzufügen.

Das ist der Grund, warum sich unter späteren Geschlechtern Stimmen des Protests erhoben gegen eine selbsternannte Amtsgewalt, die sich Vorrechte und Vollmachten, welche nicht aus dem klaren Text des Evangeliums Jesu Christi hervorgingen, anmaßte und damit eine schwerwiegende Abweichung vom Geist dieses Evangeliums darstellte. Mit aller Macht und vollem Recht führten diese Stimmen des Protestes aus, die kanonischen Schriften, wie sie von den Kirchenkonzilien verkündet wurden, seien keine gottgegebenen Gesetze, vielmehr nur menschliche Vorkehrungen, die nicht einmal auf tatsächlichen Äußerungen Jesu beruhten. Ihre Beweisführung kreiste um die Tatsache, dass die ungenauen, kaum beweiskräftigen Worte Christi an Petrus: „Du bist Petrus, und auf diesen Felsen will Ich Meine Kirche bauen", niemals die extremen Zwangsmittel, das kunstvolle Zeremoniell, die einengenden Dogmen und Glaubenssätze rechtfertigen könnten, mit denen Seine Nachfolger Schritt für Schritt Seinen Glauben überbürdet und verfinstert haben. Wäre es den Kirchenvätern, deren ungerechtfertigte Autorität so von allen Seiten heftig angegangen wurde, möglich gewesen, die auf ihr Haupt gehäuften Anklagen dadurch zu widerlegen, dass sie bestimmte Äußerungen Christi zur künftigen Verwaltung Seiner Kirche oder zum Wesen der Amtsmacht Seiner Nachfolger hätten anführen können, dann wären sie sicherlich in der Lage gewesen, die Flammen des Streites zu löschen und die Einheit der Christenheit zu erhalten. Das Evangelium aber, die einzige Schatzkammer der Äußerungen Christi, bot den gequälten Kirchenführern keinen derartigen Schutz. Hilflos standen sie dem unbarmherzigen Angriff ihrer Feinde gegenüber, und schließlich mussten sie sich den Kräften der Spaltung, die in ihre Reihen eindrangen, beugen.

(Shoghi Effendi, Die Weltordnung Bahá'u'lláhs, S. 38-40)

Der Beitrag, den die Reformation wirklich geleistet hat, ist, das Gebäude, das die Kirchenväter sich selbst errichtet hatten, ernsthaft herausgefordert und teilweise ins Wanken gebracht und den gänzlich menschlichen Ursprung der kunstvoll ausgearbeiteten Lehren, Zeremonien und Institutionen entlarvt zu haben, die sie ersonnen hatten. Die Reformation war eine notwendige Infragestellung der menschengemachten Struktur der Kirche - und als solche ein Fortschritt.

(Aus einem Brief im Auftrag Shoghi Effendis an einen einzelnen Gläubigen, 28.12.1936 [e.Ü.])

Haltung der Bahá'í zu Priestertum und Mönchtum

Auch sollten wir uns bewusst sein, dass das Unterscheidungsmerkmal der Bahá'í-Offenbarung nicht allein in der Vollständigkeit und der unzweifelhaften Rechtsgültigkeit des Glaubenssystems besteht, das Bahá'u'lláh und 'Abdu'l-Bahá mit ihren Lehren begründet haben. Ihre Vortrefflichkeit liegt auch in der Tatsache des wirksamen Ausschlusses solcher Elemente, die in vergangenen Sendungen ohne die geringste Vollmacht der jeweiligen Religionsstifter Quelle des Verderbs waren und dem Glauben Gottes unabsehbaren Schaden zufügten. Durch den klaren Text der Schriften Bahá'u'lláhs sind sie beseitigt worden. Unberechtigte Bräuche in Verbindung mit dem Sakrament der Taufe, dem Abendmahl, der Beichte, der Askese, der Priesterherrschaft, kunstvollem Zeremoniell, dem heiligen Krieg und der Vielweiberei sind allesamt durch die Feder Bahá'u'lláhs streng untersagt worden. Andererseits sind gewisse Vorschriften wie das Fasten, die für das Glaubensleben des einzelnen unerlässlich sind, in ihrer Strenge beträchtlich gemildert worden.

(Shoghi Effendi, Die Weltordnung Bahá'u'lláhs, S. 42)

Die Aufhebung des berufsmäßigen Priestertums und der damit verbundenen Sakramente der Taufe, des Abendmahls und der Beichte, ... das vollkommene Fehlen bischöflicher Autorität mit den sie begleitenden Privilegien, Entstellungen und verbeamtenden Tendenzen sind ... Beweise für den nichtautokratischen Charakter der Bahá'í Verwaltungs- und Gesellschaftsordnung und ihre Neigung zu demokratischen Methoden in der Verwaltung ihrer Angelegenheiten.

(Shoghi Effendi, Die Weltordnung Bahá'u'lláhs, S. 221)

Bahá'u'lláh hat den Bahá'í die heilige Pflicht des Lehrens auferlegt. Wir haben keine Priester, deshalb wird von jedem einzelnen Bahá'í erwartet, dass dass er persönlich seiner Religion den Dienst erweist, den früher die Priester in ihren Religionen geleistet haben. Er muss neue Seelen erleuchten, sie bestärken, die auf dem Lebensweg Verwundeten und Ermüdeten heilen und ihnen aus dem Kelch ewigen Lebens zu trinken geben: das Wissen von der Manifestation Gottes an Seinem Tage.

(Aus einem Brief im Auftrag Shoghi Effendis an einen Nationalen Rat, 05.07.1957)

Baháu'lláh verbietet dem Gläubigen, seine Sünden vor einem anderen zu beichten und dafür um Absolution zu bitten. Statt dessen soll er Gott um Vergebung bitten. In der Tafel `Bishárát` sagt Er: "Ein solches Sündenbekenntnis vor anderen führt zur Demütigung und Erniedrigung", und Gott "möchte nicht, dass Seine Diener gedemütigt werden".

Shoghi Effendi stellt dieses Verbot in einen größeren Zusammenhang. Sein Sekretär schrieb in seinem Auftrag: "Es ist uns verboten, unsere Sünden und Mängel einem anderen zu beichten - vor einem Priester wie bei den Katholiken oder, wie bei einigen Sekten, in der Öffentlichkeit. Haben wir jedoch den spontanen Wunsch, zu bekennen, etwas falsch gemacht oder einen Charaktermangel zu haben, und wollen wir deshalb einen anderen um Vergebung und Verzeihung bitten, so steht uns dies frei." Auch das Universale Haus der Gerechtigkeit bestätigt, dass Bahá'u'lláhs Verbot der Beichte niemanden daran hindert, bei Beratungen unter der Führung einer Bahá'í-Institution ein Fehlverhalten einzuräumen. Auch schließt dieses Verbot die Möglichkeit nicht aus, in solchen Fällen einen guten Freund oder einen professionellen Berater um Rat anzugehen.

(Aus den Erläuterungen des Universalen Hauses der Gerechtigkeit zum Kitab-i-Aqdas, 58)

In der Tafel `Bishárát` anerkennt Bahá'u'lláh zwar die "frommen Werke" der Mönche und Priester, ruft sie aber auf, "ihr abgeschiedenes Leben aufzugeben, ihre Schritte in die offene Welt zu lenken und sich dem zuzuwenden, was ihnen selbst und anderen nützt". Er gestattet ihnen, "in den Ehestand zu treten, auf dass sie einen Nachkommen hervorbringen, der Gottes gedenkt".

(Aus den Erläuterungen des Universalen Hauses der Gerechtigkeit zum Kitab-i-Aqdas, 61)

Bahá'í-Haltung gegenüber den christlichen Konfessionen

Die Kirchen predigen Lehren – völlig verschiedene in den jeweiligen Konfessionen – die wir als Bahá'í nicht annehmen können; so wie die leibliche Auferstehung, die Beichte oder, in manchen Bekenntnissen, die Leugnung der Jungfrauengeburt. In anderen Worten: Es gibt heutzutage keine Christliche Kirche, von deren Dogmen wir als Bahá'í behaupten könnten, dass wir sie in ihrer Gesamtheit akzeptieren.

(Aus einem Brief im Auftrag Shoghi Effendis an eine lokale Gemeinde, 24.06.1947 [e.Ü.])

Betreffs des Umgangs mit der Kirche: … Ganz gleich, wie die Haltung andere Menschen gegenüber der Kirche allgemein sein mag, hat dies keinen Einfluss auf die Bahá'í-Haltung.

(Aus einem Brief im Auftrag des Hüters an einen Nationalen Rat, 18.08.1949 [e.Ü.])

Der Hüter stimmt mit Ihnen überein, dass die Bahá'í sehr vorsichtig sein sollten, nicht die Kirche zu kritisieren oder gar anzugreifen. Da wir glauben, dass die Römisch-Katholische Kirche, wenn Sie so wollen, die Erbin der Lehren Christi in direkter Linie ist, wenngleich sie durch menschengemachte Dogmen entstellt worden sein mag, wäre es uns gewiss kein Gewinn, ihr Feindschaft entgegenzubringen.

(Aus einem Brief im Auftrag des Hüters an einen einzelnen Gläubigen, 22.03.1950 [e.Ü.])

Buchempfehlung

Jesus Christus – Die Manifestation Gottes

Das Jesusbild der Bahá'í-Religion

Seit Jesus von Nazareth auf Erden wandelte und seine Lehre verbreitete, haben Menschen immer wieder versucht, seine Person in Worte und Bedeutungen zu kleiden. Dabei forderte er von Beginn an auch zu außerchristlichen Beschäftigungen mit sich heraus, was seinen immensen weltgeschichtlichen Einfluss nicht nur im europäischen Kulturraum unterstreicht. Eine dieser außerchristlichen Beschäftigungen ist von Beginn an genuin mit der Bahá'í-Offenbarung verbunden: Nicht nur diente die Bibel als Quelle, sondern gleichermaßen auch Jesus als Vorbild der Lehren Bahá'ulláhs. Sören Rekel hat in 315 Einzelzitaten das Bild, das das Bahá'í-Schrifttum von Jesus vermittelt, zusammengestellt, geordnet und kommentiert. Der in diesem Buch vorgestellte "Bahá'í-Jesus" stellt nicht das in den Vordergrund, was das Christentum von allen anderen Religionen unterscheidet. Im Gegenteil lenkt er den Blick auf das, was das Christentum mit den früher und später entstandenen Traditionslinien verbindet und übergreifenden Fragen im interreligiösen Kontext zugänglich macht. So kann letztendlich Jesus selbst helfen, den Dialog zwischen Christen und Bahá'í neu zu beleben.

ISBN

Hardcover	Softcover	e-Book
978-3-7323-3000-3	978-3-7323-2999-1	978-3-7323-3001-0